BIBLIOTHÈQUE FRANCISCAINE

LA PRÉSENCE DE DIEU

PRATIQUÉE
DANS TOUS LES ÉTATS DE LA VIE

Ne doit-il pas être honoré de tous pour songer à nous?

PAR LE R. P. ...

... Franciscain de l'Observance

DIXIÈME ÉDITION

PARIS
LIBRAIRIE SAINT-JOSEPH
TOLRA, LIBRAIRE-ÉDITEUR
RUE DE RENNES

APPROBATION

Sur le rapport qui nous a été fait, nous approuvons bien volontiers, en ce qui nous concerne, l'opuscule intitulé : *La Présence de Dieu*, etc., par le P. SIMON, DE BUSSIÈRES, Religieux de notre Province. Puisse-t-il faire entrer beaucoup d'âmes dans les sentiers de la perfection chrétienne !

De notre Couvent de Bourges, le 25 août 1873, fête de saint Louis, roi de France.

FR. RAPHAEL,
Provincial des Franciscains.

L. ✝ S.

Imprimatur :
Burdigalæ 28 augusti 1873.

P. GERVAIS.
Vicarius generalis.

L. ✖ S.

LA

PRÉSENCE DE DIEU

Les maîtres de la vie spirituelle ont toujours fortement recommandé le saint exercice de la présence de Dieu ; ils le regardent comme l'aurore et le couronnement de la vertu, comme le fondement et la racine de la vie spirituelle et de toute la perfection chrétienne. De même que l'arbre tire le suc et la vie de sa racine et que sans racine il périt bientôt, ainsi tous nos exercices de piété doivent être fortifiés, vivifiés par la présence de Dieu; autrement nous n'y serons pas longtemps fidèles. Aussi dans la vie des Saints, nous voyons avec quel soin ils s'y sont appliqués. C'est qu'en effet parmi tous les moyens de salut et de sanctification, il n'en est peut-être pas dans la pratique de si excellent et de si efficace que le saint exercice de la présence de Dieu.

« Voulez-vous, dit notre saint Léonard de Port-Maurice, un paradis anticipé sur la terre et une compagnie sûre pour arriver rapidement à la perfection ? Vivez intérieurement recueilli et marchez en la sainte présence de Dieu. »

Le Père Beaudrand s'écrie : « O vous, âmes intérieures, voulez-vous en peu de temps faire de rapides progrès dans les voies de Dieu, appliquez-vous *fidèlement*, *ardemment*, *constamment*, à l'exercice de cette divine présence. J'ose vous en assurer au nom de Dieu même, vous avancerez plus dans un mois par cette voie que dans plusieurs années par toute autre. »

Après de pareils témoignages, qui ne se sentirait avide d'embrasser cet exercice, qui ne voudrait essayer un moyen aussi sûr d'arriver à la perfection ?

Mais dira-t-on, comment vivre en la présence de Dieu au milieu de tant de soucis et de distractions qu'on a dans le monde?

C'est moins difficile que vous ne pensez. Nous offrons ici aux âmes pieuses et de bonne volonté une méthode *simple*, *claire* et *essentiellement pratique* d'avoir Dieu toujours présent.

Nous examinerons successivement :
1° *En quoi consiste l'exercice de la présence de* Dieu.
2° *Si cet exercice est possible et facile à tout le monde.*
3° *Les motifs qui nous engagent à pratiquer la présence de* Dieu.
4° *La méthode ou pratique pour se conserver en la présence de* Dieu *dans tous les détails de la vie.*
5° *Les moyens d'arriver à la vie intérieure.*
6° *Enfin les conclusions pratiques de ce traité.*

Puisse ce modeste travail aider quelques âmes à avancer dans l'amour de Dieu, et dans les sentiers de la perfection.

CHAPITRE PREMIER.

En quoi consiste l'exercice de la présence de Dieu.

Le Père Vaubert dit que l'exercice de la présence de Dieu consiste dans un *simple* et *amoureux* souvenir de Dieu.

Ce souvenir *doit être Simple* : car cela peut se faire sans images ni raisonnements, sans aucun effort ni contention d'esprit.

Amoureux : non pas qu'il soit nécessaire de faire aucun acte particulier d'amour de Dieu, mais parce que ce souvenir est toujours accompagné d'un désir secret de plaire à Dieu, de l'adorer et de le servir.

L'exercice de la présence de Dieu est un simple regard qui nous élève, nous applique, nous unit à Dieu.

La vue de ses perfections attire l'âme, la réjouit et la fait, pour ainsi dire, épanouir. Comment ne s'élancerait-elle pas vers Dieu quand elle le voit si beau si bon, etc?...

La présence de Dieu est une invocation secrète et intérieure du secours de Dieu.

Pour peu que nous voulions nous recueillir, nous découvrons en nous l'étendue de notre faiblesse, le besoin que nous avons de la grâce, et nous sommes alors portés à dire : Seigneur, venez à mon secours, *Deus, in adjutorium meum intende*.

La présence de Dieu c'est un silence respectueux devant la majesté d'un Dieu présent.

Dans ce silence, on s'anéantit, on adore ; on écoute Dieu qui nous parle ; dans cet anéantissement, l'âme se fond comme la cire sous la chaleur de la divine Charité.

On est attentif aux goûts, aux touches intérieures, à l'attrait de Dieu qui nous parle au cœur et on se montre fidèle à suivre en tout les inspirations de sa grâce.

La vie intérieure qui n'est pas autre chose que la présence de Dieu est une conversation *douce, intime, familière* avec Dieu, un saint repos de cœur sur son cœur.

Comment ne pas se laisser aller à la confiance, à un saint abandon, quand on considère la bonté de Dieu qui daigne s'abaisser jusqu'à nous et s'occuper de nous jusque dans les moindres détails ? Alors on Lui parle comme on parle à un ami.

Nous tenir en présence de Dieu, c'est voir la main de Dieu, dans les choses visibles qui nous entourent.

Le ciel et la terre sont remplis de la magnificence de Dieu, rendons gloire à sa puissance, remercions-le de ses bienfaits.

C'est enfin tout faire, prières, travaux, repas, récréations, etc., par le mouvement de l'esprit de Dieu, uniquement en vue de sa volonté et de sa plus grande gloire sans avoir égard à soi ni à aucune créature.

Vous avez maintenant une idée de la présence de Dieu. Mais le chapitre IV, où nous en donnons la méthode pratique, vous fera bien mieux comprendre encore en quoi consiste ce saint exercice.

CHAPITRE II.

La présence de DIEU est-elle possible et facile à tout le monde?

On peut se mettre en la présence de DIEU, s'entretenir avec lui dans tous les états de la vie. Une âme peut être aussi véritablement présente à DIEU, aussi séparée des créatures au milieu des villes, comme au fond des déserts. Le pâtre comme le roi, le négociant comme le cultivateur, le voyageur comme l'homme d'étude, le riche comme le pauvre, la mère de famille comme la vierge dans le cloître, tous peuvent penser à DIEU, lui parler, s'entretenir avec lui *familièrement*. L'ignorant comme le savant peuvent lire dans ce grand livre de la présence de DIEU : il n'y a qu'à le vouloir.

Quel est l'homme qui ne sait point dire à son ami : — Je vous aime. — Aidez-moi dans cette épreuve. — Venez avec moi à la promenade. — Si vous saviez ce que je souffre! — Je vous remercie de tant de bienfaits. — Je ne sais que faire, donnez-moi quelques conseils. — Soyons toujours bien unis. — Soutenez-moi de votre crédit auprès de cette personne. — Je compte sur votre dévouement.

Telle et aussi *simple*, âmes pieuses, peut être notre conversation avec Dieu. — Dieu est si bon! si facile! il comprend tous les langages. — Il pense toujours à nous, pourquoi ne penserions-nous pas à lui? — Nous savons qu'il est riche, puissant, qu'il nous est dévoué, n'aurions-nous donc rien à lui demander? — Parlons-lui de tout ce qui nous intéresse : de nos affaires, de notre famille, de nos joies et de nos peines. Est-ce là chose difficile? non : Dieu fait ses délices de s'entretenir avec les âmes simples.

Communiquons-lui donc nos pensées, même les plus indifférentes; et si la conversation avec un ami ne s'interrompt pas après des heures entières, pourquoi serions-nous moins expansifs avec Dieu?... Quoi! n'aurions-nous donc rien à lui dire? rien à lui demander?... Hélas! soyez plus *simples* : Dieu est bon ; — ne craignez pas ; approchez-vous de Lui avec un entier abandon, et, croyez-moi, si vous avez un peu d'amour et de confiance, ce commerce tout divin ne vous sera pas difficile. Au reste, « Si vous ne savez rien dire, enseigne sainte Thérèse, écoutez Dieu qui vous parle au fond de votre cœur. »

Vous le voyez, il est bien facile de pratiquer la présence de Dieu, et tous, quelles que soient notre intelligence, notre piété, nos occupations, nous pouvons nous y adonner. C'est bien le cas de répéter cette parole de Saint Bonaventure au B. Egide, compagnon de saint François: « Une vieille femme ignorante peut aimer Dieu autant qu'un grand docteur. « Mettez-vous donc à l'œuvre, vous ne sauriez trouver d'excuses ; au reste pour vous exciter encore plus à la pratique de la vie intérieure lisez dans le chapitre suivant les grands avantages que vous retirerez de cet exercice ; — pesez-les ; et méditez-les bien.

CHAPITRE III.

> Marchez en ma présence et vous serez parfaits (*Genèse*, 17).

Motifs qui nous engagent à pratiquer la présence de Dieu.

L'exercice de la présence de Dieu renferme toutes les vertus et conduit à toutes :

Il fait agir d'une manière plus prompte et plus généreuse. Supposez une âme qui se nourrit de cet aliment céleste, qui s'entretient habituellement avec Dieu et voit son action en tout : pleine de force et d'énergie, elle est disposée à tout, elle marche,... elle marche... rien ne l'arrête, elle devient capable de pratiquer les vertus les plus héroïques.

1° Dans les épreuves, cette ame est courageuse. Dieu est près d'elle, avec elle, en elle, qu'a-t-elle à craindre ? Et voyant pour ainsi dire Dieu devant elle, le sentant dans son cœur, quel sacrifice n'est-elle pas en état de lui faire dans ses biens, sa réputation, sa santé? L'épreuve n'est pas au-dessus de sa générosité. *Dans tous ces maux*, dit l'Apôtre, *nous demeurons victorieux et inébranlables, fortifiés par celui qui nous a aimés* (Rom. VIII).

2° DANS LES SOUFFRANCES, L'AME, QUI VIT EN PRÉSENCE DE DIEU, EST CONSOLÉE. Souffre-t-on quand on voit un DIEU ami des souffrances, un DIEU modèle dans la douleur; quand on a un DIEU pour témoin, pour soutien et pour récompense?

3° DANS LES TENTATIONS, ELLE RÉSISTE AVEC PLUS DE FORCE. En pensant qu'on est devant DIEU, dit Rodriguez, qui oserait jamais l'offenser? Quel est le serviteur assez insolent pour mépriser les ordres de son maître en sa présence? Où est le voleur assez hardi pour dérober aux yeux de ses juges, et si la présence d'un homme grave est capable de nous contenir dans le devoir, que ne devra point faire la présence de DIEU?

4° SI ELLE SUCCOMBE, ELLE SE RELÈVE PLUS VITE. L'âme accoutumée d'aspirer toujours vers Dieu, ne cesse pas de s'élever vers lui alors même qu'elle s'en est séparée et qu'elle est dans l'abîme. Elle crie plus fort, au contraire, parce qu'elle sent davantage son mal, et Dieu ne peut se faire attendre longtemps à l'âme qui l'appelle sans cesse.

5° La présence de Dieu nous conduit à la vie intérieure, à cette union *intime* avec Dieu qui fait les délices des âmes pieuses. Nous vivons en Dieu et Dieu vit en nous, *c'est Jésus qui vit en moi*, dit l'apôtre. La présence de Dieu nous prépare à la prière, à la méditation ; on s'y met avec plus de goût ; on prie avec plus de ferveur et moins de distractions.

6° La présence de Dieu retrempe l'âme, lui rappelle ses résolutions, sa première ferveur, lui donne de saints désirs du ciel, la porte à faire souvent la communion spirituelle, au contraire celui qui ne pratique pas cet exercice a bientôt dissipé le fruit de ses confessions, de ses communions, et tombe nécessairement dans un certain état de langueur.

7° La présence de Dieu nous inspire une intention plus pure dans nos actions. En pensant en effet qu'on est sous les yeux de Dieu, pourrait-on agir pour un autre motif que celui de lui plaire ?

8° La présence de Dieu nous fait produire à chaque instant mille petits actes de vertu auxquels nous ne penserions pas; elle nous soutient, réveille notre âme, et nous dit souvent : écoute la voix de Dieu... il est là... fais attention... il te regarde...

9° La présence de Dieu remplit l'âme de joie, lui donne un avant-goût de la céleste patrie, elle rend doux, aimable: voilà pourquoi nous nous représentons facilement les saints ayant toujours un doux sourire sur les lèvres.

Le Docteur S. Bonaventure dit: « Que c'est commencer dès cette vie à jouir de la félicité des Bienheureux que d'être toujours en la présence de Dieu. » Le bonheur des Saints, en effet, consiste à voir Dieu et à jouir éternellement de lui. Or, par la présence de Dieu, nous voyons Dieu, nous le possédons autant que cela est possible sur la terre où on ne peut le voir qu'en énigme et comme dans un miroir, tandis qu'au Ciel on le voit face à face (Cor., VIII).

« La pensée continuelle du Seigneur
« est une possession anticipée d'un
« pareil bonheur. Elle est la source de
« nos mérites, et le contempler face à
« face en sera la récompense. Nous ne
« pouvons maintenant le voir de nos
« yeux ; souvenons-nous au moins de
« Lui pendant que nous en sommes
« éloignés. Plus ce souvenir aura été
« fréquent et plein de piété durant
« notre exil, plus dans la patrie notre
« joie sera parfaite et enivrante. »
(S. BONAVENTURE, *De l'Avancement spirituel*, ch. XX.)

Tels sont, âmes pieuses, les avantages que nous trouverons dans l'exercice de la présence de DIEU, et au contraire l'oubli de sa sainte présence ouvre à tous les vices la porte de notre cœur. *Le pécheur* (Ps. X, 5) *n'a pas* DIEU *devant les yeux, c'est pourquoi toutes* ses pensées, ses affections, ses paroles et *ses œuvres sont souillées*, son cœur est gâté, corrompu.

Mais comment allumer et alimenter

en nous cette divine présence au milieu de nos occupations ? Comment retenir notre esprit, ordinairement si volage, et l'élever à Dieu au milieu des préoccupations, des embarras et de la fatigue du jour ? — Nous tirerons une pensée pieuse de ce que nous faisons ou de l'état dans lequel nous nous trouvons, rien n'est plus facile, comme on le verra au chapitre iv.

Chacun modifiera les pensées indiquées plus loin selon son goût et la tournure de son esprit. Il n'est pas nécessaire de varier votre conversation, vos pensées suivant l'objet que vous voyez, et chercher avec empressement, contrainte, à prendre, comme au vol, toutes les pensées pieuses qui peuvent vous venir à l'esprit, comme vouloir faire sortir un sens spirituel de tout ce que vous rencontrez, serait fatigant, vous n'en tireriez absolument aucun profit. Non, laissez votre cœur se nourrir d'une pensée autant qu'il voudra. Mais, je le répète, soyons *doux*, *simples* et pleins d'abandon avec Dieu dans nos entretiens... sans contrainte... laissons parler le cœur.

CHAPITRE IV.

> Notre conversation est dans le Ciel. (*Philip. III*).

Méthodes pour se conserver en la présence de DIEU dans tous les détails de la vie.

Nous indiquerons successivement deux méthodes de pratiquer la présence de Dieu. Les personnes absorbées chaque jour par les affaires et les occupations s'en tiendront à la première méthode, qui ne prend pas de temps et ne demande pas à l'esprit une attention actuelle; celles au contraire qui sont plus libres et accoutumées à la méditation, emploieront avec délices la seconde méthode où elles trouveront un aliment à leur piété, à leur dévotion, pour s'entretenir continuellement avec Dieu dans toutes les circonstances de la vie.

Mais avec l'une comme avec l'autre méthode, l'exercice de la présence de Dieu produira les plus heureux fruits et conduira sûrement à la vie intérieure.

PREMIÈRE MÉTHODE.

Union à DIEU par conventions ou contrats.

Ames de bonne volonté, mais qui ne pouvez dérober que quelques instants à vos occupations pour prier le matin et le soir, voici une méthode qui est très-facile, à la portée de tout le monde et de tous les instants. Sans vous en douter, sans aucun effort, votre cœur, votre mémoire, votre intelligence, vos pieds, vos mains, tous vos sens extérieurs peuvent prier Dieu, lui parler, le louer, lui exposer vos différents besoins. C'est ce que j'appelle *prier* ou *pratiquer la présence de* Dieu par conventions ou contrats. Voici comment cela se fait.

De même que les hommes se découvrent leurs pensées par des signes extérieurs, sur lesquels ils sont d'accords, ainsi *convenez* avec Dieu qui connaît le fond de votre cœur :

1° Que chaque fois que vous regarderez même *involontairement et sans attention*, une image, un crucifix, une statue, ce sera un témoignage certain de l'amour dont vous voulez brûler pour lui ; que votre bonheur est de le regarder, de penser à lui.

2° Convenez avec Dieu que chaque fois que vous lirez ou que vous entendrez prononcer son saint Nom, ou tout autre mot selon votre goût, vous voudrez protester qu'il est vrai Dieu, *Créateur, conservateur,* en qui vous croyez, vous espérez, devant lequel vous vous prosternez en disant : *Honneur, gloire, amour,* etc.

3° Convenez que chaque fois que vous mettrez la main sur votre cœur, vous le lui offrirez et consacrerez, qu'il en sera le maître. — Convenez que par cet acte vous supplierez Jésus d'établir sa demeure dans votre cœur, de le vider de tout autre amour, de le changer en une fournaise ardente, de le remplir lui-même ; que vous n'avez d'autre volonté que la sienne ; que vous vous réjouissez de le voir aimé et que vous regrettez de le voir offensé.

4° Convenez avec Jésus-Christ, qu'à chaque aspiration, vous désirez l'attirer tout brûlant dans votre cœur, l'unir à vous avec toutes ses vertus. Attirez Notre-Seigneur d'après votre goût ou la nécessité de votre cœur, considérez-le comme *bon, glorieux, humble, pauvre, souffrant*, etc., selon que vous voulez vous exciter à la confiance, à l'humilité, à la pauvreté, à la patience.

5° Convenez aussi que, par chaque respiration, vous voulez vous donner à lui, corps, âme, pensées, paroles, actions, que vous voudriez embraser l'univers d'amour pour lui : et cela avec la plus grande joie et le plus de perfection possible.

6° Convenez qu'à chaque parole que vous serez obligé de dire pendant la journée, vous voudriez répéter le nom de Jésus, ou bien *Amour ! Miséricorde!*

7° Convenez qu'à chaque point d'aiguille, vous avez l'intention de demander à Dieu qu'il perce votre cœur pour le rendre plus sensible à son amour.

8° Convenez qu'à chaque pas que vous faites, vous avez l'intention de le remercier, de lui demander pardon, telle ou telle grâce.

9° Convenez que par tous vos signes de croix, par vos inclinations, par la moindre de vos prières, par le plus petit acte de piété, vous désirez procurer à Dieu autant d'honneur et de gloire, lui donner autant de consolation que lui en ont procuré les Saints et que lui en procurent tous les jours les âmes les plus ferventes.

10° Vous avez une peine qui vous fatigue, convenez que toutes les fois que vous y penserez, vous avez l'intention de la porter dans le Cœur de Jésus.

11° Convenez que chaque fois que vous levez les yeux au ciel, vous soupirez après le bonheur de voir Dieu.

12° Avant d'aller à vos occupations, suivez la pratique de sainte Thérèse, de sainte Monique et de plusieurs autres Saints : laissez votre cœur en adoration à l'autel ; dans le courant de la journée vous vous souviendrez qu'il est là près de Jésus.., Cette pensée entretiendra la ferveur dans votre âme et facilitera votre recueillement.

Que votre volonté soit faite, disait le P. Lopez, chaque fois qu'il respirait... c'était là une convention qu'il renouvelait souvent dans la journée.

D'après ces quelques exemples, vous voyez la manière de passer des conventions avec Dieu, vous pouvez vous-même les varier et les multiplier selon votre goût, vos occupations et le besoin de votre âme.

Voilà la méthode de présence de Dieu que je propose aux personnes de bonne volonté, mais très-occupées. Ne me dites pas qu'elle vous est impossible puisqu'elle n'exige pas de vous, encore une fois, une attention actuelle à Dieu et ne vous empêche pas de vous livrer pleinement et librement à vos affaires.

Vous êtes tellement occupé, dites-vous souvent, que vous n'avez, pour ainsi dire, pas le temps de prier ; mais employez cette méthode, et vos pensées, vos paroles, vos actions, vos moindres gestes seront comme autant de prières, d'oraisons jaculatoires, et Dieu les recevra comme telles. Ainsi vous suivrez ce précepte de Notre-Seigneur : *Il faut*

toujours prier, sans jamais se lasser.
(Luc, XVIII,1). Votre journée entière sera une prière continuelle. — Voyez que de grâces vous attirerez sur vous ; toutes vos actions n'en iront que mieux et vous acquerrez de nombreux mérites. Ce que je vous demande est bien peu de chose, et cependant vous en tirerez un grand profit spirituel. Après quelques jours d'exercice, votre âme sera comme renouvelée, elle sera moins sèche, moins aride. La pensée de DIEU vous deviendra plus familière et vous vous sentirez doucement attiré à une plus grande fidélité.

Quand devez-vous passer ces conventions ?

Faites-les deux ou trois fois par jour, au commencement de vos principales actions, plus souvent, si vous le pouvez, mais au moins une fois pour toutes le matin à votre réveil.

Faites cela et vous vivrez.

SECONDE MÉTHODE.

> Venez et voyez les merveilles que le Seigneur a faites sur la terre. (*Ps.* 45).

Union à Dieu par actes répétés et réfléchis.

Ames pieuses, qui avez plus de temps à donner à la prière, Dieu vous demande davantage, ne le sentez-vous pas? Soyez fidèles à sa grâce, votre cœur a soif de Dieu, contentez-le... Le ciel et la terre sont pleins de la gloire du Seigneur, dit le Psalmiste... Le Ciel est notre véritable patrie, tout sur la terre doit nous en rappeler le souvenir. Efforcez-vous, chaque jour, de tout surnaturaliser et de vivre dans les régions de l'esprit; jouissez des biens de la vie, mais toujours en vue de Dieu ; ne vous arrêtez pas à l'écorce des choses, mais que votre esprit s'élève plus haut.

« Nous devons avoir en tout temps,
« dit saint Bonaventure, notre âme éle-
« vée à Dieu par la prière, par de saintes
« pensées, de pieux souvenirs, des mé-

« ditations, des lectures, des considé-
« rations et la contemplation des biens
« célestes. Aussi toutes les fois qu'un
« serviteur de Dieu cesse un instant
« d'être en sa présence, il tremble, il
« s'attriste, comme s'il avait commis
« une faute grave, en détournant ses
« regards d'un ami si glorieux et qui ne
« nous oublie jamais. » (*De l'Avancement spirituel*, ch. xx.)

Et en effet, il faut en convenir :

Si la terre est pour nous un exil, si notre âme est si souvent triste et languissante, c'est que nous ne lui donnons point la nourriture qui lui convient, nourriture qui la fortifie et l'élève vers Dieu. Pendant que nous nous livrons aux choses extérieures, nous devons servir à notre âme une viande invisible (*Tob.* 12), Car de même que nous avons besoin de respirer à tout moment pour rafraîchir le cœur et pour tempérer la chaleur naturelle, ainsi nous avons besoin d'élever notre âme à Dieu pour assouvir sa faim : elle aussi a ses appétits, ses besoins, ses exigences. Vous le comprenez : cette nourriture de notre âme c'est Dieu, c'est *le souvenir de* Dieu, c'est *un regard vers* Dieu, *vers ses œuvres.*

Dieu partout, Dieu en tout, Dieu seul peut la satisfaire. Non-seulement le souvenir de Dieu doit venir fortifier et rafraîchir notre cœur au temps de la prière, de l'oraison, mais, dit le Docteur Séraphique, il doit encore nous accompagner au milieu de nos occupations, à l'exemple des Anges qui, envoyés pour nous servir, savent disposer de telle sorte les choses du dehors qu'elles ne dérangent jamais en rien leur vie intérieure.

Pour cela il ne faut pas nous livrer, mais seulement nous prêter aux choses extérieures, aux affaires. Et n'allez pas croire que l'esprit perdu pour ainsi dire en Dieu ne puisse pas traiter les choses du monde et soit exposé à commettre bien des négligences. Dieu qui règne dans le cœur conduit tout à bonne fin. Il est le maître des sciences, son regard s'étend d'un pôle à l'autre.

Ames pieuses, ici-bas vous devez vivre d'une vie toute céleste ; vous le savez, vous le sentez ; tout doit vous servir de degrés pour vous élever vers Dieu et de stimulant pour l'aimer davantage. Et comment en serait-il autrement ? Autour de vous tout vous parle de Dieu, écoutez ce langage mystique... Répondez... interrogez vous-même chaque créature... votre esprit de foi doit animer la nature, toutes les créatures, à quelque classe qu'elles appartiennent, et vous montrer Dieu présent en elles.

Je vous suggère ici quelques pensées qui pourront vous aider à vous entretenir avec Dieu. Mais évitez, je vous en prie, de fatiguer votre esprit à vous les rappeler toutes, à en concevoir de nouvelles, vous n'en retireriez aucun fruit : point de contention ; oui, point de contention ; arrêtez-vous avec simplicité à l'une ou à l'autre pensée selon votre attrait et aussi longtemps que votre âme y puisera sa nourriture — et laissez parler librement votre cœur.

†

Fleurs. — Lorsque dans un parterre

ou dans une prairie vous verrez des fleurs, vous leur direz de vous parler du bon Dieu, de vous donner une idée de ses perfections, de sa bonté, de sa puissance..., vous leur direz de faire monter leur parfum jusqu'au Ciel.... Manifestez le bonheur que vous auriez de les cueillir toutes pour les offrir à Marie... Pensez à la brièveté de la vie qui passe comme la fleur... Le monde offre des couronnes périssables ; celles que Dieu réserve à ses élus sont immortelles... Remerciez Dieu d'avoir créé ces fleurs pour votre agrément. — La beauté, la délicatesse, la fraîcheur, la variété des fleurs nous invitent à cette oraison jaculatoire : *O mon Dieu ! que vous êtes grand et magnifique jusque dans les plus petites choses.* — Si Dieu s'est plu à les varier à l'infini pour charmer le séjour de l'homme sur la terre, que ne fera-t-il pas pour ses élus dans le Ciel !... — Vous avez à la main une fleur, ne vous contentez pas d'en jouir, mais rendez grâce à Dieu du parfum que, depuis des siècles il avait résolu de déposer dans son calice *pour vous*. — La violette, symbole de l'humilité, vous invite à demander à Dieu cette belle vertu et à aimer d'être caché, ignoré, etc., etc.

Bois. — Etes-vous dans une forêt, où votre regard se porte-t-il sur des arbres? dites-leur de louer Dieu pour vous. — Dites que vous voudriez les voir tous courber leur cime jusqu'à terre en signe d'adoration profonde devant Dieu; votre cœur s'écriera alors : arbres, adorez Dieu pour les hommes qui ne l'adorent pas. — Admirez cette végétation que la divine Providence départit à chaque petite branche. — Voyez-vous cet arbre, comme il penche; s'il est jeune il peut encore être redressé. Dites donc dans un élan d'amour : ô mon Dieu! faites-moi plier sous votre main, redressez en moi ce qui est tort, que ma volonté soit la vôtre. — En voyant un arbre vigoureux que la hache abattra peut-être demain, songez que votre santé ne vous met pas à l'abri de la mort. — Remarquez-vous un arbre chargé de fruits? Il atteint le but pour lequel il est planté;

demandez-vous pourquoi Dieu nous a placé sur la terre? Pour porter des fruits éternels : où sont les vôtres ?

Notre-Seigneur revenant un jour à Béthanie, pressé par la faim s'approche d'un figuier qu'il voit sur le bord de la route et n'y trouvant que des feuilles, il lui dit : qu'à jamais tu ne portes de fruits et aussitôt le figuier sécha sur pied (Matth., xxi, 19). Quel jugement exercerait-il sur vous en ce moment s'il vous demandait compte de votre vie ?.... de vos fruits ?...

Les feuilles s'agitent au gré du vent, et vous combien de fois vous avez résisté à la volonté de Dieu ? — Comptez, si vous le pouvez, le nombre des feuilles de tous les arbres : les années de l'Éternité sont plus nombreuses encore ; que faites-vous pour vous les assurer *heureuses* ?

Plantes. — Voyez ici comme la Providence de Dieu est admirable ! Elle donne à chaque pays les fruits et les plantes qui lui sont les plus nécessaires. — Elle donne à chaque plante la terre qui lui convient. — Le plus petit brin d'herbe est l'objet de l'attention divine qui donne à la racine l'intelligence de puiser dans la terre la quantité de suc nécessaire au développement de la plante, et de choisir la qualité qui lui convient. Un Saint avait coutume de faire cette oraison jaculatoire: « Plantes, dites au bon Dieu que je ne l'aime pas, mais que je désire l'aimer, apprenez-moi vous-même à l'aimer. »

Montagne. — En voyant une montagne, rappelez-vous que Dieu pourrait la jeter dans la mer, la faire disparaître; songez à la montagne des Oliviers, au mont Golgotha, au mont Thabor. — Un grain de foi peut transporter une montagne, nous dit l'Évangile, demandez à Dieu d'augmenter votre foi. — Dites que vous voudriez du haut de cette montagne faire entendre et crier à tous les hommes: *Aimons* Dieu — *aimons* Dieu; — *il nous a trop aimés*. — Pensez à la Montagne Sainte et reconnaissez-vous indigne d'y monter. « Qui gravira la montagne du Seigneur ? Celui qui agit avec une intention droite et qui a le cœur pur, etc. » (Ps. XXIII.)

Les plus hautes montagnes sont comme des atomes devant Dieu, adorez sa puissance.

Soleil, Lumière, Feu. — Le soleil vous rappelle qu'il ne doit pas se coucher sur votre colère. — Vous suez, vous vous plaignez, et vos péchés ont fait suer à Jésus-Christ des gouttes de sang. Supportez avec patience le poids de la chaleur du jour. — Dites : Beau Soleil de Justice, quand m'apparaîtrez-vous ? Seigneur, réchauffez mes membres, mais surtout mon cœur. — Que de ténèbres dans mon esprit ! Seigneur, éclairez-moi. — Éclairez tous les pécheurs aveugles. — Soleil, Feu, réchauffez les membres engourdis des pauvres. — Le lever du soleil vous dit que Dieu vous donne un nouveau jour, que vous devez bien employer. — Au Ciel on aura un jour sans fin et sans nuages. — Un beau ciel étoilé rappelle la beauté du Paradis....

« Loué soit Dieu mon Seigneur, disait
« saint François d'Assise, pour toutes
« ses Créatures, et spécialement pour
« notre frère glorieux le Soleil ; c'est

« lui qui produit le jour et nous illu-
« mine de ses rayons ; il est beau, il
« resplendit avec un éclat merveilleux ;
« Seigneur, il est vraiment votre image.

« Loué soit mon Seigneur, pour
« notre sœur la Lune et pour les Etoiles;
« Vous-même les avez formées dans le
« ciel avec leur éclat et leur beauté.

« Loué soit mon Seigneur, pour notre
« frère le Feu dont vous vous servez
« pour éclairer la nuit. Il est beau, il est
« délicieux, il est puissant et fort. »

Voilà comment les Saints savent retrouver Dieu dans toutes les créatures; imitons-les et notre âme s'embrasera d'amour ; répétons souvent avec Tobie :

« *Que le Ciel, et la Terre et la Mer vous bénissent, ô mon* Dieu ! » (VIII, 7.)

Chemin, etc. — En marchant, demandez-vous si vous avez bien avancé dans la vertu. — Dites : Seigneur, vous êtes avec moi, suivez-moi partout, j'irai où vous voudrez, — dirigez mes pas. — Mon Dieu, donnez-moi la main, venez avec moi, — enlevez les pierres de mon chemin, c'est-à-dire les occasions de pécher, de peur que je ne succombe.—

Un chemin tortueux vous dit que votre cœur n'a pas moins de sinuosités.—La poussière vous rappelle le nombre de vos fautes. — Représentez-vous Jésus marchant devant vous, portant sa croix, et si vous êtes fatigué, reposez-vous avec Jésus qui succomba trois fois sous le poids de sa croix. — Votre Ange gardien est aussi avec vous, parlez-lui, etc. — Vous rencontrez quelqu'un, saluez intérieurement son Ange gardien. — Lorsque vous sortez pour quelques affaires, implorez toujours le secours de l'Esprit saint.

Vous le voyez, on peut se sanctifier et prier, même dans le monde, et avec un peu de bonne volonté les voyages ne dissipent pas trop notre esprit.

Maison. — La vue d'une chaumière vous rappelle l'étable de Bethléem. — Celle d'une riche habitation vous dit que notre demeure au Ciel sera plus belle encore.—Excitez-vous à l'amour de la simplicité, de la pauvreté. — Qu'importe qu'on habite sous un toit de chaume, si on a la paix du cœur, c'est tout. — Que de peine il faut à l'homme pour bâtir, et Dieu d'une seule parole a créé tout l'Univers. — Demandez à Dieu de pardonner les péchés commis dans cette maison, d'en bénir les habitants. — En entrant dans une maison, dites à Jésus d'y entrer avant vous et de régler toutes vos paroles.— Dites au Saint patron, au bon ange de veiller sur cette famille, etc.

Habits. — A la vue de vêtements brillants, dites à Jésus, que vous êtes content des vôtres, que des haillons seraient bons pour vous qui êtes un pécheur. — Pensez aux langes dont Jésus fut entouré à sa naissance. — Au vil manteau de pourpre dont Hérode le couvrit en signe de dérision. — Combien de fois vous avez péché par vanité, par immodestie. — Saint Athanase pleurait en voyant une femme mondaine, disant qu'elle prenait plus de soin de plaire aux hommes, que lui-même n'en avait de plaire à Dieu….

Songez au vêtement brillant que vous aurez dans le Ciel. — Ces réflexions ne sont-elles pas préférables à toutes les pensées de vanité qui fourmillent dans votre esprit ? Vous direz encore : Mon Jésus, si j'eusse été près de votre crèche, quand vous étiez transi de froid, volontiers, je vous aurais donné pour vous couvrir ce à quoi je tiens le plus... etc. — En vous habillant, rappelez-vous que vous tenez tout de la libéralité de Dieu, et qu'il faut toujours garder une sainte modestie.

Richesses. — En voyant de l'argent ou en entendant parler de fortune, dites : Dieu est avec moi, il me suffit. — Pensez à ces paroles de l'Evangile : Cherchez d'abord le royaume de Dieu et le reste vous sera donné par surcroît. — Malheur aux riches. Bienheureux les pauvres. — Que sert à l'homme de gagner l'univers s'il vient à perdre son âme. — Le riche ne sait pas pour qui il entasse. — La gloire du monde passe, combien de temps jouit-on des richesses que l'on amasse avec tant de soin ? — Faites-vous des trésors pour le ciel où il n'y a point de voleurs qui les déterrent et les dérobent. Dieu est mon tout, répétait sans cesse saint François d'Assise...

Tout est à vous, ô mon Dieu, disait souvent une âme fervente, je vous offre le ciel et ses étoiles, la mer et ses nombreux poissons, la terre et toutes les pierres précieuses, les plantes et les arbres, les fleurs et les fruits, les animaux les insectes, les oiseaux. O mon Dieu, vous êtes le seul vrai riche ; oui tout est à vous, n'y aura-t-il que mon cœur qui ne vous appartiendra pas ?..

Nourriture. — *Avant* de prendre votre nourriture, adressez-vous à Dieu, qui vous la donne, priez-le de la bénir, offrez-lui votre action, montrez-lui que vous avez dessein de la faire, non pour contenter votre goût, mais pour sa gloire, pour accomplir sa volonté. qui vous a assujetti à cette nécessité, dites-lui que vous allez nourrir votre corps afin d'avoir plus de force pour le servir. — *Pendant* vos repas entretenez-vous dans quelque bonne pensée pour éloigner celle de la sensualité. Songez à l'Eucharistie, manne céleste de notre âme. La mortification terrasse l'orgueil de la chair (*Off.*); ne manquez pas de vous mortifier afin de satisfaire pour vos

— 39 —

intempérances passées et de répondre à l'amour que Notre-Seigneur nous a montré en prenant pour nous le fiel et le vinaigre. Rappelez-vous ces paroles de notre divin maître : « L'homme ne vit pas seulement de pain mais de la parole de Dieu. — Ma nourriture est de faire la volonté de mon Père ; » et celle-ci de saint Bonaventure : « Celui qui nourrit délicatement son corps reconnaîtra bientôt son insolence. » Rappelez-vous que votre âme aussi a bien besoin de nourriture et dites alors : « Seigneur avant tout nourrissez mon âme. » — Songez à la frugalité de Jésus et de tous les saints ; pensez aux pauvres qui n'ont pas ce que vous avez, aux âmes ferventes qui se contentent de peu et cherchent toujours à mortifier leur chair. — Invitez tour à tour Notre-Seigneur, saint Joseph, la Sainte Vierge à prendre quelque chose avec vous. — Faites d'une manière inaperçue avec la fourchette un signe de croix sur vos aliments. — Notre Père Balthazar Sanchez, disait souvent en prenant son repas : « Mon Dieu, que tous les grains de blé qui ont servi à faire ce pain, soient comme autant d'Anges qui célèbrent vos louanges et proclament votre Majesté. » *Après* le repas remerciez Dieu de ses bienfaits.

Horloge. — A la vue d'une horloge, pensez que pour vous c'est peut-être la onzième heure et que vous n'avez encore rien fait. — Qu'il y a un temps où vous ne pourrez plus mériter. — La mort surprend à l'heure où l'on y pense le moins. — Les jours passent, mais l'éternité n'a pas de fin. — Dites : Seigneur, faites que je mérite à toutes les minutes, etc...

Il y a des Communautés, des familles où à chaque heure du jour on se met à genoux (où on se recueille) pour adorer la Très-Sainte Trinité.—D'autres où l'on se salue en disant : *Bénis soient* Jésus *et* Marie. — D'autres où l'on dit un *Ave* Maria... ou bien : *vive* Jésus *dans tous les cœurs.*

Troupeaux. Insectes. — Dites-leur de bénir Dieu. — S'ils sont soumis à l'homme pourquoi l'homme ne serait-il pas soumis à Dieu. — Admirez cette variété d'animaux sur la terre, dans la mer, dans les airs. — La fidélité du chien vous commande une plus grande fidélité à Dieu, à cause de ses nombreuses grâces. Une mouche qui se laisse prendre par une araignée nous enseigne qu'il faut fuir les occasions, être prudent dans toutes nos démarches. — Admirez l'habileté de Dieu qui a donné au plus petit insecte tout l'organisme de la digestion, de la sensation, du mouvement. — Tous ces insectes tendent à leur fin, tendez-vous à la vôtre? — Jésus-Christ est le Bon Pasteur, dites-lui de vous garder, de vous guérir, de vous nourrir de ses Sacrements, dites bien que vous voulez toujours rester sous la houlette de saint Pierre, fidèle aux enseignements de l'Église.

Saint François d'Assise se détournait pour ne pas fouler un insecte, parce que c'était une créature de Dieu. — Il pensait à Notre-Seigneur à la vue d'un agneau...

Graines. — Elles vous rappellent que vous moissonnerez ce que vous aurez semé. — Qu'avez-vous semé jusque-là ? Ceux qui sèment dans les larmes moissonnent dans la joie, consolez-vous donc. — Si vous voulez au contraire semer dans la joie, vous moissonnerez dans les larmes. — Le grain meurt pour germer ; c'est en mourant à vous-mêmes que vous profiterez en vertus, etc...

Pierre. — Désirez d'être foulé aux pieds comme la pierre du chemin. — Méditez que vous avez le cœur plus dur qu'une pierre, pour n'être pas touché des bienfaits de Dieu. — Que Dieu peut en faire du pain, — faire jaillir du rocher une source abondante.—Que Jésus-Christ n'avait pas une pierre pour reposer sa tête. — Qu'une pierre sera votre seul bien après votre mort, etc...

Ruisseau, Pluie. — La vue de l'eau vous rappelle le bienfait du baptême, remerciez Dieu d'être chrétien. — Un jour de pluie, désirez recevoir autant de grâces qu'il tombe de gouttes d'eau. — Demandez à Dieu qu'il vous lave de vos iniquités. — Dites : Seigneur, je suis sec et aride, arrosez-moi. — Je vais à vous, car je suis plus altéré qu'un cerf. — Demandez que Dieu éteigne en vous le feu des passions.—La gloire du monde fuit comme l'eau d'un ruisseau. — L'eau est la boisson du pauvre....

Nous pourrons dire avec saint François :

« Loué soit mon Seigneur, pour notre « sœur l'Eau qui est bien utile, humble, « précieuse et pure. »

Lorsque nous boirons nous imiterons sainte Gertrude qui avait l'intention intérieure de rafraîchir Notre-Seigneur dans sa personne....

Oiseaux. — Invitez-les à chanter les louanges de Dieu. — Dites-leur de monter au ciel pour demander pardon pour vous. — Dites avec le prophète : Qui me donnera des ailes, et je me reposerai dans le sein de Dieu ? — Songez que les oiseaux ne sèment pas, et cependant ils ne meurent pas de faim, ayez donc vous-même confiance en Dieu. Les sacrements sont des ailes pour voler au ciel, en profitez-vous ?...

Chants, Amusements. — Combien sont plus beaux les chants du ciel, plus douces ses joies ! — Demandez pardon pour les chants, les amusements profanes, et dites : Seigneur, vous seul méritez d'être chanté. — Je voudrais chanter sans cesse *gloire*, *honneur*, *amour*, à Dieu seul. — Tel chante aujourd'hui qui pleurera demain.

Joies. — Etes-vous dans la joie ? Communiquez-la à Dieu, louez-le, remerciez-le, racontez-lui tout votre bonheur, comme à un ami. — Elle n'est pas comparable à la joie du ciel. — Vos péchés vous en rendaient indigne. — Réjouissez-vous avec modération...

Peines. — Dans les maladies, tentations, contrariétés, dites : Seigneur, vous voyez ce que j'éprouve. — J'espère en vous. — Je vous l'offre. — Je me résigne. — Allez en esprit dans le jardin des Oliviers, près de Jésus à l'agonie. — Dites : Seigneur, aidez-moi. — Je me mets entre vos mains. — Faites de moi ce que vous voudrez. — Formez des signes de croix sur votre douleur. — Pensez aux souffrances de Jésus-Christ, des martyrs, à la peine que méritent vos péchés.....

Injures, Ingratitudes, Humiliations.

— C'est bien dur, mais disons-nous à nous-mêmes : — Laissons faire, le Seigneur le permet. — N'ai-je pas mérité 100 fois plus par mes fautes !! — Ces personnes qui m'attaquent sont des ambassadeurs de Dieu, qui viennent de la part de sa miséricorde tirer vengeance à l'*amiable*.

Jésus-Christ, attaché à la Croix, vous dit : Regardez-moi, moi qui suis innocent, et oserez-vous maintenant vous plaindre, vous qui êtes coupable. — Recevez les humiliations avec soumission, même avec *amour*, en vous rappelant Jésus au Prétoire. — Dites à Notre-Seigneur : Vous voulez graver un peu plus votre image dans mon cœur, j'accepte... je vous remercie...

Affaires. — Quelque chose que vous fassiez, dites au fond du cœur : Pour vous, pour vous, Seigneur. — Traitez familièrement avec Dieu, parlez-lui de vos affaires, de vos projets et de tout ce qui vous intéresse et cela à cœur ouvert. — Demandez-lui conseil. — Dites-lui de vous aider. — Dites à Jésus de vous apporter telle chose dont vous avez besoin. — De se lever. — De s'asseoir avec vons. — Figurez-vous Jésus ou votre bon Ange vous tendant l'objet que vous allez chercher, etc., etc.

Il y en a qui pendant leur travail répètent souvent : Mon Dieu, aidez-moi. —Mon Jésus, miséricorde ! Doux Cœur de Marie, soyez mon salut... Vive Jésus dans tous les cœurs. D'autres font souvent des signes de croix avec un doigt sur leur cœur, leur bouche ou sur leur ouvrage...

Fautes. — Si vous êtes tombé en quelque faute, dites-vous : Dieu m'attend pour me pardonner.—Seigneur, je me repens. — Vierge sainte, mon saint Patron, demandez pardon pour moi. — Seigneur, je suis souillé, lavez-moi dans votre sang. — Vous êtes mort sur la croix pour moi, grâce ! pardon ! — Seigneur, j'ai confiance.

Doutes.—Dans vos doutes, dites : Que faut-il faire, Seigneur ?—Eclairez-moi. —Que dois-je répondre ?—Parlez, mon Jésus, j'écoute. — Je ne veux que votre gloire.

Cheveux.—Des cheveux vous rappellent qu'aucun ne tombe sans la permission de Dieu.—Confiez-vous donc à sa providence.—Songez que vos péchés sont plus nombreux. — Vos cheveux n'ont-ils pas été pour vous un sujet de vanité ? Désirez essuyer comme Madeleine les pieds de Jésus avec vos cheveux.—Votre vie ne tient que par un cheveu, etc.

Yeux. — En touchant vos yeux ou voyant les yeux d'une personne, dites-vous : Dieu me voit et cela mieux que je ne vois tout ce qui m'entoure. — Ce n'est qu'autant que mon cœur sera pur comme mon œil, que je verrai Dieu.— Quand pourrai-je contempler mon Sauveur dans sa gloire ? — Mes yeux devraient être noyés dans les larmes à cause de mes péchés. — Il y en a qui ont des yeux et qui ne voient point ; ne suis-je pas de ce nombre ? Seigneur, faites que je vois le nombre de mes péchés, la grandeur de votre amour, l'étendue de votre miséricorde.—Gardez-moi comme la prunelle de votre œil. — Détournez mes yeux des vanités. — Je vous fixerai toujours, Seigneur, puisque vous me regardez sans cesse, disait saint Augustin :

« Offrez à Dieu le clignement même de vos yeux, le moindre mouvement de vos membres, dit sainte Madeleine de Pazzi... »

Bouche. — La bouche vous rappelle votre gourmandise, vos médisances, vos calomnies, vos mensonges. — Dites au Seigneur d'ouvrir vos lèvres afin que vous parliez de temps en temps de Lui. — De vous donner de la discrétion, de la retenue dans vos paroles...

Mains. — Dieu vous tient dans sa main, il fera de vous ce qu'il voudra. — Dites à Jésus de vous donner la main pour vous aider à marcher. — Employez-vous toujours vos mains à quelque chose d'utile? — Ces mains dont vous vous plaisez à considérer la délicatesse et la forme deviendront la pâture des vers. — Dites : Seigneur, j'élève vers vous mes mains suppliantes. — Je remets mon âme entre vos mains...

Pieds. — Vos pieds vous rappellent que vous devrez marcher dans la vertu sans vous arrêter. — Fouler aux pieds les plaisirs du monde. — Jésus a eu les pieds attachés à la croix pour vous. — Demandez à Dieu de diriger vos pas dans le sentier de ses commandements...

Lit. — Un jour vous vous coucherez pour ne plus vous relever. — Le prophète David arrosait son chevet de ses larmes, et vous ne pensez qu'à jouir du repos; que de fautes cependant n'avez-vous pas à pleurer!— Les Saints se lèvent au milieu de la nuit pour prier, et vous, avez-vous soin d'élever immédiatement votre cœur vers Dieu, lorsque vous vous réveillez? — Dites à votre bon Ange de prier, d'adorer Dieu pendant que vous dormirez. — Rappelez-vous le grabat des pauvres; la crèche de Jésus votre Sauveur. — Prenez la résolution de ne rien donner à la sensualité. — Dieu est toujours avec vous; si vous dormez, il veille sur vous; si vous vous éveillez, il s'attend à recevoir quelque acte d'amour, d'offrande, de remerciements; le faites-vous? — Le matin il est là pour recueillir votre première pensée; la lui donnez-vous?...

Paille. — Jésus coucha sur la paille à Bethléem. — Les pauvres, les religieux couchent sur la paille. — Vous voyez une paille dans l'œil de votre prochain et vous ne voyez pas une poutre dans le vôtre. — Vos actions faites par vaine gloire brûleront comme la paille ; il n'en restera rien.

Ciel. — La vue du ciel vous dit que c'est votre demeure. — Dites : Mon Dieu, quand viendra le moment d'y monter ? — Là un bonheur sans fin. — Vous chanterez, vous bénirez Dieu. — Remerciez Dieu d'un tel héritage...

Terre. — Vous n'êtes que cendre et poussière : sous peu ce corps que vous idolâtrez tombera en vile poussière; pourquoi tant s'enorgueillir ? Dieu soutient de trois doigts la masse de la terre. — La terre sera votre dernière demeure, et vous n'en occuperez pas large. — Elle sera bouleversée au dernier jour, quelles seront vos craintes !...... Tantôt vous méditerez ces pensées, tantôt vous direz avec saint François :

« Loué soit mon Seigneur pour notre
« mère la terre ; elle nous donne les ali-

« ments, elle soutient nos pas, elle
« produit des fruits divers, des fleurs
« aux couleurs variées et des herbes. »

Prochain. — Lorsque vous voyez des hommes, pensez qu'ils sont l'image de Dieu qu'ils ont une âme rachetée au prix du sang de Jésus, parlez à Dieu des pauvres, des malades, des affligés, comptez-lui leurs peines, leurs ennuis, leurs souffrances. — Parlez-lui des âmes du Purgatoire, des pécheurs, dites : Seigneur, aidez-les.—Suspendez votre justice, ils sont votre image ! — Pardon ! — Brisez leur cœur, forcez-les à vous aimer. — Quand vous voyez quelqu'un s'enrichir, parvenir aux honneurs, dites-vous : S'il est damné que lui servira tout cela ? — Un pauvre rappelle cette parole : Bienheureux ceux qui souffrent. — Jésus a été pauvre. — Sous l'extérieur grossier d'un pauvre, il peut y avoir une belle âme. Une croûte de pain sec avec un cœur pur, est préférable à l'abondance avec une conscience agitée. — Demandez à Dieu qu'il répande ses grâces les plus abondantes sur ceux que vous rencontrez, qu'il leur pardonne. Vous pourrez dire : ô mon Dieu : gagnez tellement leur cœur, qu'ils ne vous offensent jamais plus et qu'ils vous servent désormais avec le plus parfait amour.

Lorsque vous saluez une personne, saluez son bon Ange, songez que c'est un chrétien. — Son héritage est au Ciel.

Si vous entendez un blasphème, pensez avec douleur que Jésus aussi l'a entendu et en a cruellement souffert.

Prière. — En allant prier, représentez-vous que vous allez remplacer les anges qui depuis longtemps adorent le Seigneur et que d'autres anges sont là pour recevoir vos prières et les porter à Dieu. — Dites à Dieu de préparer votre cœur à la prière. — Pensez aux intentions pour lesquelles vous priez. — A l'église, représentez-vous une foule d'anges courbant le front jusqu'à terre autour de l'autel.....

Lecture. — Quand vous faites une lecture ou que vous entendez un sermon, dites : Parlez, Seigneur, votre serviteur écouté. — Mon Dieu, éclairez-moi. — Faites-moi connaître votre volonté. — Aidez-moi à pratiquer. — Réjouissez-vous en entendant prononcer le nom de Jésus ou de Marie....

Église. — En voyant une chapelle ou un clocher, saluez respectueusement le saint Sacrement, la sainte Vierge, le saint Patron. — Transportez-vous en esprit au pied de l'autel, unissez-vous aux Anges et adorez Jésus-Hostie. — Faites la communion spirituelle. — On ne peut s'empêcher, disait un religieux, de regarder amoureusement un ami auprès duquel on passe et de lui dire : c'est moi qui passe ; tu connais mes sentiments pour toi. — Parlez aussi simplement à Notre-Seigneur. — Et n'avons-nous donc rien à lui dire ? — A l'église, n'oubliez pas que vous êtes dans la maison de Dieu..... cette chaire, ce confessional, cette table de communion ne manquent pas de parler à votre cœur, de vous rappeler bien des choses. — Regardez avec respect celui qui vient de communier, adorez en lui Jésus-Christ, prosternez-vous en esprit à ses pieds...

Quand vous devez faire la sainte communion, appelez sans cesse Jésus dans votre cœur, dites-lui de se hâter ; dites à la Sainte Vierge de préparer votre cœur.

Ville. — Quand vous passez par une ville ou un hameau, demandez à Dieu de le bénir. — Aimez à répéter : vive Jésus dans tous les cœurs. — Appelez les saints Anges pour qu'ils veillent sur ses habitants. — Appelez les grâces de Dieu sur eux. — Remerciez-le des grâces accordées. — Pleurez sur les péchés qui s'y sont commis....

Nuit. — Si je m'éveille la nuit, dit saint François de Sales dans son règlement, je penserai que c'est pendant la nuit que Jésus est venu au monde, je le prierai de naître encore en moi ; les ténèbres extérieures me feront penser aux ténèbres intérieures où la tiédeur et le péché jettent les âmes et je conjurerai le Seigneur de dissiper ces ténèbres par sa douce et bienfaisante lumière... Je me rappellerai encore ces paroles du Psalmiste : « Pleurez dans vos lits les péchés du jour. » (*Ps.* 133.) Si quelques frayeurs nocturnes viennent m'assiéger je me rassurerai en disant : que peut craindre celui qui est avec Dieu ?

En vous réveillant la nuit, songez à ces saintes âmes, à ces Religieux qui interrompent leur sommeil pour prier, pour chanter les louanges de Dieu. — Aux Anges qui adorent en ce moment le Saint Sacrement.

Dans les longues insomnies, songez à la durée, à la peine du Purgatoire.

Matin. — Sainte Thérèse s'offrait à Dieu en disant : « Seigneur, me voici, faites de moi ce qu'il vous plaît.—Dites-le moi, que voulez-vous que je fasse ? — Oh ! que je voudrais vous aimer !.... »

Écoutez encore :

Les serviteurs de Dieu, quand ils sont seuls, se mettent les bras en croix pendant quelques instants, font des génuflexions, baisent la terre, etc. — Les Saints ont fait fréquemment tout cela...

Un temps calme ou agité vous rappelle une âme en état de grâce ou de péché....

Une branche sèche rappelle une âme séparée de Dieu....

Le tonnerre, l'orage rappellent le jugement dernier....

Vous mangez un fruit, vous sentez une fleur, songez que Dieu a pensé de toute éternité à créer ce fruit, cette fleur, pour vous prouver son amour, attirer votre âme à Lui.

Une crèche, une étable rapellent Jésus à Bethléem....

En voyant une scie, un marteau, une charpente, une hache, etc., souvenez-vous de Jésus, travaillant à Nazareth...

Des Cordes, des Clous, une Pièce de bois, un Fouet, des Épines, rappellent la Passion de Notre-Seigneur....

Il y a des personnes qui mettent une épingle sur le bord de leur manche, afin qu'en la voyant elles se rappellent la présence de Dieu... Cette pratique vous paraît puérile, adoptez-en une autre plus en harmonie avec vos goûts.

D'autres passant devant des statues ou des tableaux à l'église ou dans leur maison les saluent intérieurement....

Voilà de nombreuses et belles pratiques que vous pouvez imiter. Voilà bien des conseils pour avoir Dieu partout et lui parler, entretenir la ferveur dans votre âme, choisissez.

Enfin vous pouvez avoir souvent sur les lèvres ou au moins dans le cœur des oraisons jaculatoires : soit celles auxquelles sont attachées des Indulgences, soit d'autres que soupirera spontanément votre cœur.

Il me reste à vous donner les moyens de faciliter la présence de Dieu.

CHAPITRE V.

Moyens d'arriver à la vie intérieure de faciliter la présence de DIEU.

1° Grande pureté de conscience, ou grande horreur de tout péché.
2° Grand détachement de tout.
3° Soin assidu à écarter toute pensée inutile.
4° Réprimer en tout l'empressement et l'activité naturelle.
5° Grand recueillement ; veiller sur tous ses sens, ne pas se permettre une seule curiosité, une seule parole oiseuse.
6° Grande modestie et simplicité dans tout le maintien.
7° S'imposer habituellement quelques mortifications.
8° Grande exactitude à ses exercices de piété, éviter la routine, prier lentement, articuler peu de paroles, mais les goûter, les savourer, faire des pauses attentives pour écouter la voix de Dieu.
9° Fréquenter souvent les sacrements surtout la Sainte Eucharistie.

CHAPITRE VI.

Conclusions.

Vous comprenez maintenant comment il vous est possible de toujours prier, toujours penser à Dieu sans interrompre vos occupations. Vous pouvez développer les réflexions que vous venez de lire, et votre amour pour Jésus-Christ vous en suggèrera beaucoup d'autres, j'en suis sûr. La pratique est de tous les jours, de tous les instants : *rien de plus facile*. Quelle nourriture abondante pour l'âme dans toutes les les circonstances de la vie !

La présence de Dieu, c'est une communion spirituelle cent fois répétée !!!

Dans cette sainte pratique, que d'actes de *foi*, d'*espérance* et de *charité !* Que d'élans d'amour, que d'actes d'humilité, de mortification ! etc.....
Quelle joie, quelle paix intérieure !...
Embrassez-la donc généreusement.

Quoi de plus honorable que de s'entretenir familièrement avec Dieu, quoi de plus saint, quoi de plus juste, quoi de plus beau ? *c'est le ciel sur la terre.*

Vous l'avez vu : la présence de Dieu conduit à toutes les vertus ; et sainte Thérèse assure avec raison:« Que si l'on persévérait pendant une année à marcher en la sainte présence de Dieu, on se trouverait à la fin, au comble de la perfection sans s'en douter. »

Saint François de Sales dit que tout édifice de la dévotion repose sur cette exercice. *Commencez donc avec courage*

Mettez-vous à l'œuvre et ne vous découragez pas s'il vous arrive de passer plusieurs heures sans élever votre âme à Dieu ; bientôt vous ne tarderez pas d'aimer ce saint exercice soit parce qu'il vous deviendra plus facile, soit à cause des heureux résultats que vous remarquerez dans votre conduite. *Ainsi persévérez malgré les obstacles.*

L'âme qui s'adonne à la présence de Dieu semble oublier les créatures ; elle goûte Dieu, elle est indifférente à tout le reste. Elle jouit d'un grand calme, elle aime Dieu et se plaît à l'aimer : tous ses soupirs ne sont que des soupirs d'amour ; à chaque pas elle adore Dieu intérieurement, s'anéantit devant sa Majesté, s'abandonne à sa sainte volonté, lui marque le désir qu'elle a de lui plaire et de l'aimer de plus en plus. Son cœur se dilate, et se répand sans cesse en oraisons jaculatoires qui, semblables à des traits de flamme, vont frapper le cœur de Dieu pour en ouvrir l'entrée. *Faites cela et vous vivrez.*

Quand on aime bien quelqu'un, on pense souvent à lui, on en parle souvent, on se le représente, on croit entendre sa voix. Pensons donc à Dieu, prêtons l'oreille à sa voix et nous pourrons dire alors : Seigneur, vous savez que je vous aime !

VIVE JESUS DANS TOUS LES CŒURS !

TOUT POUR JÉSUS

Toutes mes actions se feront en Jésus.
Si je veille, mes yeux ne verront que Jésus.
En songe, je n'aurai d'autre objet que Jésus.
Mon livre et mon docteur, je les trouve en Jésus.
Quand j'écrirai, ma main pour guide aura Jésus.
Et Jésus écrira le beau nom de Jésus.
Soit que je marche ou non, je suis avec Jésus.
Quand je voudrai prier, ce sera par Jésus.
Tous mes délassements ne seront qu'en Jésus.
Dans la faim, dans la soif, je vivrai de Jésus.
Dans mes maux, je prendrai pour modèle Jésus.
Le remède sera l'amour de mon Jésus.
Lorsque j'expirerai, je mourrai dans Jésus.
Mon dernier mot sera le saint nom de Jésus.
Pour me fermer les yeux, je ne veux que Jésus.
Je n'attends pour tombeau que le cœur de Jésus.
L'épitaphe sera : je repose en Jésus.

Librairie Saint-Joseph. — **TOLRA, éditeur**
112, RUE DE RENNES, 112, PARIS

PETITE
BIBLIOTHÈQUE FRANCISCAINE

Petit Manuel à l'usage des Frères et des Sœurs du Tiers-Ordre de Saint-François, par le T. R. P. LÉON, ex provincial. 1 vol. in-32. relié................ 1 25
Catéchisme franciscain, à l'usage des Frères et Sœurs du Tiers-Ordre de la Pénitence, par le P. SIMON. 1 vol. in-18, 15 c.; la douzaine. *franco*. 1 50
Six questions pour faciliter l'étude du catéchisme, et pour faire repasser, en quelques minutes tout le catéchisme aux enfants les plus instruits, par le P. SIMON. In-18, 10 c ; la douzaine, *franco*............ 1 »
Le Calvaire fréquenté, ou Chemin de Croix perpétuel, par le P. APOLLINAIRE. 1 v. g^d in-32... » 20
Traité canonique, liturgique et pratique du Chemin de la Croix, par Mgr CANTOLI, Franciscain, évêque de Bovino, traduit par le P. APOLLINAIRE, suivi de cinq méthodes pour faire le Chemin de la Croix. 1 fort vol. in-32....................... 1 »
Règlement de vie, par le P. GEORGES, franciscain de l'Observance. In-18.................. » 10
— Cent exemplaires.................. 5 »
Indulgence de la Portioncule ou grand Pardon d'Assise, par le P. SIMON. 1 vol. in-18 ...... » 20
La Pauvreté, pratiquée même dans le monde, dans tous les détails de la vie, opuscule dédié aux Riches comme aux Pauvres du XIXe siècle, par le même. 1 vol. in-18........................... » 20
La Présence de Dieu, pratiquée dans tous les détails de la vie, par le même. 1 vol. in-18........ » 20
L'Humilité pratiquée dans tous les détails de la vie, par le même 1 vol. in-18................... » 20
La Mortification pratiquée dans tous les détails de la vie, par le même. 1 vol. in-18.............. » 20
Ces cinq opuscules du P. Simon, pris par douzaine, *franco*................................. 2 »
Cantiques en l'honneur de saint François d'Assise, en usage dans les Fraternités, par le P. SIMON. In-18.................................... » 10

LIBRAIRIE SAINT-JOSEPH — TOLRA, ÉDITEUR
112, rue de Rennes, Paris

REVUE FRANCISCAINE

BULLETIN MENSUEL

DU
TIERS-ORDRE DE SAINT FRANÇOIS

PUBLIÉ PAR

Les Franciscains de l'Observance

AVEC APPROBATION

DU MINISTRE GÉNÉRAL DE L'ORDRE

Prix de l'abonnement pour un an, du 1ᵉʳ janvier 1878, pour la France et l'Algérie : en mandat poste, 3 fr., 3 fr. 25 en timbre-poste ; États d'Europe, 4 fr. ; hors d'Europe, 5 fr.

Approbation de la Revue Franciscaine *par le Révérendissime Père* BERNARDIN DE PORTOGRUARO *Ministre Général des Franciscains.*

« Sur le rapport qui nous a été fait par le Ministre Provincial des Franciscains de l'Observance de notre Province de Saint-Louis, nous approuvons bien volontiers la *Revue Franciscaine*, fondée pour le bien spirituel des Membres du Tiers-Ordre. Nous en recommandons vivement la lecture aux Tertiaires de Saint François et nous faisons des vœux pour que cette publication, dans les temps malheureux que traverse l'Église, contribue à répandre et à augmenter dans les âmes l'esprit séraphique. — Rome, couvent d'AraCœli, le 10 novembre 1877. »

FR. BERNARDIN DE PORTOGRUARO,
Ministre Général des Franciscains.

1038 — Abbeville. — Typ. et stér. Gustave Retaux.

www.ingramcontent.com/pod-product-compliance
Lightning Source LLC
LaVergne TN
LVHW021734080426
835510LV00010B/1258